Les noms préférés
pour PITOU et
MINOU

Ce livre appartient à

_____

De la même auteure:
Quel sera son prénom?, Édimag inc., 2007

ÉDIMAG
PRÈS DU PUBLIC

C.P. 325, Succursale Rosemont,
Montréal (Québec) CANADA   H1X 3B8

Téléphone: 514 522-2244
Internet: www.edimag.com
Courrier électronique: info@edimag.com

Correction: Paul Lafrance, Pascale Matuszek
Infographie: Echo International inc.

Dépôt légal: quatrième trimestre 2007
Bibliothèque et Archives nationales du Québec
Bibliothèque nationale du Canada

© 2007, Édimag inc. Tous droits réservés pour tous pays.
ISBN: 978-2-89542-252-5

Québec ⠆⠆   **Canada** ᴵ✦ᴵ

L'éditeur bénéficie du soutien de la Société de développement des entreprises culturelles du Québec pour son programme d'édition.

Nous reconnaissons l'aide financière du gouvernement du Canada par l'entremise du Programme d'aide au développement de l'Industrie de l'édition (PADIÉ) pour nos activités d'édition.

Marie-Pierre Labonté

Les noms préférés pour PITOU et MINOU

ÉDIMAG
PRÈS DU PUBLIC

Édimag inc. est membre de l'Association nationale des éditeurs de livres (ANEL)

NE JETEZ JAMAIS UN LIVRE

La vie d'un livre commence à partir du moment où un arbre prend racine. Si vous ne désirez plus conserver ce livre, donnez-le. Il pourra ainsi prendre racine chez un autre lecteur.

DISTRIBUTEURS EXCLUSIFS

Pour le Canada et les États-Unis
LES MESSAGERIES ADP
2315, rue de la Province
Longueuil (Québec) CANADA   J4G 1G4

Téléphone: 450 640-1234
Télécopieur: 450 674-6237

Pour la Suisse
TRANSAT DIFFUSION
Case postale 3625
1 211 Genève 3   SUISSE

Téléphone: (41-22) 342-77-40
Télécopieur: (41-22) 343-46-46
Courriel: transat-diff@slatkine.com

Pour la France et la Belgique
DISTRIBUTION DU NOUVEAU MONDE (DNM)
30, rue Gay-Lussac
75005 Paris   FRANCE

Téléphone: (1) 43 54 49 02
Télécopieur: (1) 43 54 39 15
Courriel: info@librairieduquebec.fr

Pour tous les amoureux
des bêtes à poils

Introduction

Vous venez d'adopter un animal de compagnie? Toutes nos félicitations! Mais il va falloir lui trouver un nom maintenant.

Pour vous aider dans cette amusante aventure, voici un livre pratique qui vous permettra de trouver le nom parfait pour votre chat ou votre chien. Noms d'artistes ou de savants, noms populaires ou célèbres, noms sérieux ou farfelus, il y en a pour tous les goûts!

Et n'oubliez pas: ce n'est pas parce qu'un nom se trouve dans la section des chats qu'il ne peut être attribué à un chien, et vice-versa. Après tout, de nombreux chats et chiens s'entendent à merveille...

Table des matières

Table des matières

Table des matières

«L'idée du calme est dans un chat assis.»
– Jules Renard

Qu'est-ce qu'un chat ?

«**Des êtres faits pour emmagasiner la caresse.**»
– Stéphane Mallarmé

«**L'idée du calme est dans un chat assis.**»
– Jules Renard

«*Il n'y a pas besoin de sculpture
dans une maison qui a un chat.*»
– Wesley Bates

«**Un chat viendra si vous l'appelez,
ou s'il n'a rien de mieux à faire.**»
– Bill Adler

«***On ne possède pas un chat,
c'est lui qui vous possède.***»
– Françoise Giroud

«*Petit à petit, les chats deviennent
l'âme de la maison.*»
– Jean Cocteau

«Le chat ne nous caresse pas,
il se caresse à nous.»
– Rivarol

Qu'est-ce qu'un chat ?

«Conquérir l'amitié d'un chat est chose difficile. C'est une bête philosophique, rangée, tranquille, tenant à ses habitudes, amie de l'ordre et de la propreté, et qui ne place pas ses affections à l'étourdie: il veut bien être votre ami, si vous en êtes digne, mais non pas votre esclave.»

–Théophile Gautier

«On ne choisit jamais un chat: c'est lui qui vous choisit.»

– Philippe Ragueneau

«Le chat est à nos côtés le souvenir chaud, poilu, moustachu et ronronnant d'un paradis perdu.»

– Leonor Fini

«LES CHATS SONT LES EXPERTS DU CONFORT.»

– James Herriot

«Avec les qualités de propreté, d'affection, de patience, de dignité et de courage que possèdent les chats, combien d'entre nous, je vous le demande, pourraient devenir des chats?»

– Fernand Mery

Qu'est-ce qu'un chat ?

*«Le chat est d'une honnêteté absolue:
les êtres humains cachent, pour une raison
ou pour une autre, leurs sentiments.
Pas un chat.»*
– Ernest Hemingway

«Le temps passé avec un chat n'est jamais perdu.»
– Colette

***«Les chats craignent l'eau,
c'est pourquoi ils préfèrent
les bains de soleil.»***
– Stéphane Caron

**«Le chat a trop d'esprit pour
ne pas avoir de cœur.»**
– Ernest Menault

**«Quand je joue avec mon chat,
qui sait s'il ne s'amuse pas plus de moi
que je le fais de lui?»**
– Montaigne

Qu'est-ce qu'un chat ?

«On n'a jamais trouvé de squelette de chat accroché dans un arbre: c'est bien la preuve qu'ils savent en redescendre.»
— Vieux dicton américain

«Les chats sont poésie en mouvement.»
— Jim Davis

«LE CHAT ET L'ÉCRIVAIN FORMENT UN COUPLE PARFAIT.»
— Anny Duperey

Minou

ET AUTRES NOMS POUR VOTRE CHAT

Les chats peintres

«*Dans un incendie, entre un Rembrandt et un chat, je sauverais le chat.*»

— *Alberto Giacometti*

C'est bien connu, les chats aiment mettre leur nez — et leurs pattes — partout. Qui n'a jamais vu un chat tremper sa patte dans la peinture servant à repeindre le salon et courir ensuite à travers la maison, laissant de belles empreintes un peu partout? Si votre chat a cette manie, il est sûrement un grand chat peintre!

Barbeau
Bosch
Chagall
Dali
Gribouille
Kandinsky
Lautrec
Magritte
Manet

Miro
Modigliani
Monet
Munch
Picasso
Pinceau
Renoir
Riopelle
Vinci

Les chats musiciens

*« Il y a deux moyens d'oublier les tracas de la vie :
la musique et les chats. »*

— *Albert Schweitzer*

**Miaou! Meoooooooow! Roooonroooon!
Roooonroooon! Miââââââou!**
Votre chat passe son temps à parler, à chanter, à miauler ou à ronronner? C'est certain, il a besoin d'un nom lié à la musique. Compositeur, chanteur, style de musique, il y en a pour tous les goûts.

Amadeus
Aznavour
Bach
Barbara
Beethoven
Berlioz
Blossom
Bono
Brassens
Cabrel
Céline
Chacha
Chopin

Dalida
Dixie
Dolly
Dutronc
Elvis
Funky
Gainsbourg
Garou
Gypsy
Haendel
Haydn
Hendrix
Jagger

Les chats musiciens

Le King	Ringo
Leloup	Rossini
Lennon	Rumba
Ludwig	Salsa
Mariano	Samba
Marley	Schubert
Mazurka	Schumann
Mendelssohn	Sinatra
Mick	Sting
Mistinguett	Strauss
Mitsouko	Stravinsky
Mozart	Tango
Pétula	Tchaïkovski
Piaf	Trenet
Piazzolla	Verdi
Presley	Vivaldi
Prokofiev	Wolfgang
Puccini	Yoko
Rachmaninov	Zébulon

Les chats écrivains

«Les chats perçoivent parfaitement le moment où vous êtes plongé dans une intense concentration — et viennent se placer juste entre elle et vous.»

– Arthur Bridges

Si votre chat adore se coucher sur le livre que vous êtes en train de lire ou s'il aime s'étendre de tout son long — et dieu sait qu'il est long! — sur le journal que vous feuilletez, il est sans doute un intellectuel... ou un écrivain réincarné en chat!

Apollinaire
Baudelaire
Camus
Dante
Flaubert
Goethe
Ionesco
Kafka
Molière
Pagnol
Perec

Proust
Rabelais
Rimbaud
Ronsard
Tolkien
Tolstoï
Verlaine
Virgule
Voltaire
Zola

Les chats héroïques

> «Quand je jouais dans le bac à sable, le chat était toujours là pour me surveiller.»
>
> — Rodney Dangerfield

Votre chat est fort comme un bœuf? Il se bat pour sauver sa mère, ses frères et ses sœurs? Il vole la nourriture des riches pachas pour la partager avec ses copains de ruelle? Votre chat est un héros!

Antigone
Belzébuth
Ben Hur
Bilbo le Hobbit
Cyrano
Davy Crockett
Desdémone
Don Quichotte

Esméralda
Figaro
Frodon
Gandalf
Gimli
Goliath
Gulliver

Les chats héroïques

Hercule
Ivanhoé
Juliette
King Kong
Lolita
Méphisto
Münchhausen
Œdipe

Othello
Phèdre
Quasimodo
Rambo
Rocky
Roméo
Schéhérazade
Ulysse
Zorro

Les chats-vedettes

«Les chats n'ont pas à être mis sur un piédestal:
ils s'y mettent eux-mêmes.»

— *Anonyme*

Votre chat adore mettre son nez dans les journaux à potins? Il passe son temps à regarder des films? Il rêve de faire de la télé ou du cinéma? Pas de doute, il lui faut un nom de vedette!

Astaire
Belmondo
Bergman
Bernhardt
Binoche
Brando
Chaplin
Charlot
Coluche
Delon

Dietrich
Fellini
Fernandel
Gabin
Gable
Gabor
Garbo
Greta
Hardy
Hitchcock

Les chats-vedettes

Keaton
Kubrick
Lucas
Marilyn
Marlène
Marlon
Monroe
Miou Miou
Noiret

Orson
Piccoli
Scarlett
Spielberg
Tati
Truffaut
Welles
Woody
Zsa Zsa

Les chats historiques

«Les chats ne croient pas qu'ils sont des êtres miniatures. Ils pensent être de gros animaux. C'est ce qui influence leur comportement de bien des manières.»
— Anonyme

Votre chat ne se prend pas pour n'importe quel chat? Il accomplit de grandes choses dans cette vie qu'il passe à vos côtés? On retiendra ses exploits pendant des siècles? C'est un chat historique!

Barberousse
Blum
Capone
Casanova
César
Champlain
Cléopâtre
Colomb
Cromwell

Dreyfuss
Duplessis
Foch
Franklin
Gandhi
Géronimo
Joséphine
Kennedy
Le Che

Les chats historiques

Lénine
Louis XIV
Malcolm X
Mandela
Mao
Marie-Antoinette
Mitterrand
Nabuchodonosor
Napoléon

Néfertiti
Pocahontas
Ramsès
Roosevelt
Sissi
Trotsky
Vercingétorix
Washington

Les chats savants

«Si une tartine tombe toujours sur sa face beurrée, et si les chats atterrissent toujours sur leurs pattes, que se passera-t-il si vous mettez une tartine sur le dos d'un chat et laissez tomber le tout?»

— Steven Wright

Votre chat fait toutes sortes d'expériences? Juste pour voir, il essaie de rentrer dans une boîte plus petite que lui? Juste pour voir, il fait tomber un bibelot pour observer s'il va se casser? C'est un chercheur, un scientifique ou un inventeur-né!

Apollo	Darwin
Bell	Edison
Benz	Eiffel
Braille	Einstein
Braun	Fleming
Celsius	Ford
Copernic	Franklin
Cousteau	Freud
Curie	Gutenberg
Daimler	Hubble
Dalton	Jacquard

Les chats savants

Kepler
Lindbergh
Marconi
Mendel
Morse
Newton
Nostradamus

Pasteur
Pavlov
Spoutnik
Stradivarius
Vasco
Volta

Les chats sportifs

«*Pourquoi les chats décident-ils tout à coup de sauter de l'endroit où ils dormaient si confortablement, roulés en boule, pour se mettre à cavaler comme des fous à travers la pièce en bousculant tout sur leur passage?*»
— *Andrew Koenig*

Votre chat court partout dans la maison? Il grimpe dans vos rideaux? Il adore escalader vos bibliothèques? Se prenant pour une Ferrari, il dévale à toute vitesse les escaliers? À s'entraîner autant, il lui faut un nom de sportif!

Aebischer
Ali
Armstrong
Bonk
Boum Boum
Boxeur
Carbo

Champion
Championne
Chelios
Federer
Freesbee
Gainey
Garneau

Les chats sportifs

Gretzky
Karaté Kid
Koivu
Kovalev
Lafleur
Markov
Nadal
Nicklaus
Palmer

Plekanec
Prost
Rocket
Ryder
Samsonov
Schumi
Singh
Tiger
Zidane

Les chats policiers

«*La loi selon Garfield: les chats connaissent instinctivement le moment précis où leur maître va se réveiller… C'est pourquoi ils les réveillent juste dix minutes avant.*»

– Jim Davis

Votre chat est curieux? Il peut passer des heures à la fenêtre du salon à observer ce qui se passe à l'extérieur? Il a un instinct très développé? Il aurait sans doute fait un excellent policier!

Agatha
Cato
Chef
Clouseau
Columbo
Dupin
Fantômas
Flic
Fouine
Fouineur
Fouineuse
Hitchcock
Holmes

Inspecteur
Lupin
Maigret
Miss Marple
Monk
Nikita
Pink Panther
Poe
Poirot
San-Antonio
Simenon
Watson

Les chats humains

«*Si l'on croisait un chat avec un homme, à coup sûr l'opération améliorerait l'homme, mais détériorerait le chat.*»

— *Mark Twain*

Votre chat, vous l'aimez comme un frère, une sœur, un meilleur copain ou une meilleure amie? Et vous tenez mordicus à ce qu'il porte un nom digne de votre race? Pourquoi pas? Vous pourriez même ajouter Mademoiselle, Madame ou Monsieur devant le nom choisi...

Albert	Daphné
Alfred	Delphine
Archibald	Dexter
Ariette	Dolly
Arnold	Edgar
Arthur	Félix
Babette	Floyd
Charlie	Fred
Charlotte	Gaspard
Conrad	Ginger
Daisy	Gontran

Les chats humains

Gratien	Maurice
Harold	Max
Hector	Micha
Henriette	Morgane
Horace	Oscar
Hortense	Ralph
Igor	Rudolf
Jack	Rufus
Léo	Sacha
Léon	Samantha
Léonard	Tommy
Lola	Victoria
Loulou	Walter
Margaret	Zoé

Les chats divins

«*Il y a des milliers d'années de cela, dans l'Égypte ancienne, les chats étaient vénérés comme des dieux. Ils ne l'ont jamais oublié.*»

— *Anonyme*

Votre chat est méditatif et contemplatif? Il réfléchit longuement avant de prendre une décision (comme aller manger)? Il est d'une sagesse exemplaire? Voilà de grandes qualités spirituelles!

Amon
Anubis
Aphrodite
Apollon
Artémis
Athéna
Bacchus
Cupidon
Hercule
Hermès
Isis
Junon
Morphée

Némésis
Neptune
Osiris
Ouranos
Ra
Ramsès
Thalie
Vénus
Vulcain
Zeus

Les chats luxueux

«En fait, ici, c'est chez mon chat.
Je me contente de payer le loyer.»

— *Anonyme*

Votre chat mène une vie de pacha? Il est tellement beau qu'il pourrait porter une rivière de diamants autour du cou? Vous ne pourriez résister à l'envie de lui acheter une doudou fabriquée par un grand designer? Il lui faut un nom qui évoque la richesse et le luxe!

Ambre	Carat
Améthyste	Céleste
Armani	Champagne
Beauté	Chanel
Beauty	Comte
Bella	Comtesse
Belle	Cristal
Bijou	Désiré
Buckingham	Désirée
Burberry	Destinée
Cacharel	Dior
Cachemire	Dom Pérignon

Les chats luxueux

Duc
Duchesse
Émeraude
Fortuné
Fortunée
Givenchy
Goldie
Grâce
Gucci
Jade
Lady
Majesté
Marquis
Marquise
Mercedes
Monaco
Montgomery

Opale
Pacha
Prada
Prince
Princesse
Rabanne
Ricci
Rubis
Saphir
Tiffany
Topaze
Tourmaline
Trésor
Tsar
Tsarine
Ungaro
Versace

Les chats colorés

«C'était une belle chatte égyptienne, longue, puissante, et de couleur sable.»
— Daniel Pennac, Cabot-Caboche

Votre chat se distingue d'abord et avant tout par sa couleur? Il est blanc comme la neige, noir comme le charbon, blond comme l'avoine ou roux comme une carotte? Aucun doute alors sur le choix de son nom.

Bianca	Le Roux
Blackie	Miel
Blanche	Mandarine
Blondie	Moka
Boule de Neige	Noiraud
Boule Noire	Noiraude
Bronzé	Nougat
Café-Crème	Rousse
Caramel	Roussette
Carbone	Snow
Cayenne	Ti-Blanc
Charcoal	Ti-Blond
Flocon	Ti-Brun
Gris-Gris	Ti-Gris
Grisou	Ti-Roux

Les chats gourmands

«Même les chats obèses connaissent instinctivement cette règle cardinale: si tu es trop gros, arrange-toi pour prendre des poses où tu paraîtras mince.»

– John Weitz

Tous les chats sont gloutons, cela va de soi. Mais le vôtre l'est plus que la moyenne? En plus du thon et des anchois, il adore le melon, le fromage, les olives et le chocolat? Qu'est-ce qu'il est gourmand!

Baba
Bagatelle
Baklava
Bavette
Big Mac
Boule de Gomme
Brownie
Cachou
Cadbury
Café-Crème
Cannelle
Carambar
Caramilk

Chausson
Cherry Blossom
Chippit
Choco
Chocolat
Clafoutis
Coco
Coconut
Cookie
Cornichon
Craker Jack
Crumble
Crunchy

Les chats gourmands

Fenouil
Flakie
Fudge
Glouton
Goglu
Grenadine
Guimauve
Jelly Bean
Jujube
Kilo
Kiwi
Limette
Litchie
Lolly Pop
Mango
May West
Melba
Millefeuille
Mousse
Mousseline
Munchkin
Nanaimo
Naya
Nutella
Pamplemousse

Pinotte
Pistache
Pop Tart
Popcorn
Praline
Prune
Ratatouille
Réglisse
Ringolo
Ritz
Romano
Ruffle
Smartie
Strudel
Sugar
Sushi
Tapioca
Tiramisu
Toblerone
Truffe
V8
Whippet

Les chats fêtards

«S'il était humain, le chat serait de préférence un solitaire: mais alors comment ferait-il pour se réunir avec les copains et siroter une bière en regardant le foot à la télé?»

— Time Magazine, *7 décembre 1981*

Votre chat aime bien faire la fête? La visite ne lui fait pas peur et il veille avec vous jusqu'aux petites heures du matin? Mais c'est un vrai party animal!

Absinthe
Baileys
Brandy
Cherry Brandy
Chouffe
Cognac
Daiquiri
Grolsch

Heineken
Kahlua
Labatt
Lager
Limoncello
Margarita
Moretti

Les chats fêtards

Moskova
Negroni
Pastis
Piña Colada
Pompette
Porto
Pousse-Café
Robine
Saké
Sambuca

Sangria
Sapporo
Schnaps
Scotch
Smirnoff
Tequila
Tsingtao
Vodka
Wildcat

Les chats enfants

«Un chat s'étire d'un bout à l'autre de mon enfance.»
– Blaga Dimitrova

Votre chat passe des heures devant la télé à regarder des émissions pour enfants qui le distraient et le font sourire? Il lui faut un nom qui évoque la jeunesse!

Aladin	Disney
Astérix	Doolittle
Babar	Dumbo
Bambi	Fifi
Barbapapa	Fraisinette
Barbe-Bleue	Gargamel
Boucle d'or	Gobelet
Bozo	Guignol
Caliméro	Gumby
Casper	Hergé
Catwoman	Hermione
Chapi Chapo	Jinny
Chibouki	Jobidon
Délima	Kermit
Didou	Lagaffe

Les chats enfants

Lilo
Maboul
Magoo
Mélusine
Mickey
Mimi
Minnie
Miss Piggy
Moogli
Muppet
Narnia
Nemo
Nic
Obélix
Oui-Oui
Panoramix
Passe-Carreau
Passe-Montagne
Passe-Partout
Passepoil
Patof
Pépinot
Peter Pan
Pic
Picotine

Pinocchio
Pokémon
Pooh
Popeye
Sabrina
Schtroumpf
Schtroumpfette
Sidonie
Sindbad
Skippy
Sol
Spirou
Stitch
Superman
T'choupi
Tarzan
Tigrou
Tintin
Titeuf
Tom Tom
Traboulidon
Winnie
Yogi

Les chats animaux

«Dieu a créé le chat pour procurer à l'homme la joie de caresser le tigre.»

— Joseph Méry

Votre chat est un chat. Mais, vous ne savez trop pourquoi, il vous rappelle un autre animal. Serait-ce sa taille de guêpe ou sa queue de renard? Allez-y, donnez-lui le nom de l'un de ses semblables!

Abyssin	Panda
Angora	Persan
Biquette	Pinson
Boa	Pou
Chinchilla	Poussin
Couguar	Puce
Féline	Puma
Gazelle	Pussy
Griffon	Rex
Grizzly	Sphinx
Hermine	Tigre
Jaguar	Tigresse
Lalouve	Ti-Loup
Loup	Timimus
Luciole	Ti-Pou
Ours	Toutou

Les chats populaires

«Il n'y a pas de chat ordinaire.»

– Colette

C'est vrai, il n'y a pas de chat ordinaire. Chaque chat est unique et chaque chat a son caractère. Cependant, il y a des prénoms qui ont la cote. Et il n'est pas interdit de donner à son chat un nom qui a gagné en popularité.

Chaton
Chatonne
Chatouille
Coco
Cocotte
Doudoune
Fripon
Friponne
Gazouille
Guidoune
Mignon

Mignonne
Mine
Minet
Minette
Minou
Minouche
Minoune
Minouni
Petit Chat
Petite Chatte
Ti-Chat

Les chats célèbres

«Il existe de nombreuses espèces intelligentes dans l'univers. Elles appartiennent toutes à la famille des chats.»

— *Anonyme*

Certains chats ont connu leur heure de gloire. On les a vus au cinéma ou à la télé, dans des publicités ou dans des livres. Pourquoi ne pas s'en inspirer?

Aristochat
Azraël
Billy the Cat
Cheschire
Félix
Fritz the Cat
Garfield
Gros Minet
Kitty

Le Chat
Miss Teigne
Mistigri
Morris
Passepoil
Pussycat
Sylvestre
Tom

Les chats sonores

«Ne sous-estimez jamais le pouvoir d'un ronronnement.»

– Anonyme

Vous adorez entendre les petits ronrons de votre chat? Ronron, ronron, ronron... Si vous vous écoutiez, vous appelleriez même votre chat Ronron? Voici d'autres suggestions.

Bibi	Lili
Bouboule	Loulou
Boule	Lulu
Bulle	Maya
Coco	Miaow-Miaow
Doudou	Mine-Mine
Fonfon	Momo
Gigi	Patapon
Kiki	Patapouf
Koko	Pépé

Les chats sonores

Piou-Piou
Pit-Pit
Plouk
Pompon
Prout
Pupuce
Ronron
Tétoune
Ti-Doune

Toto
Tsoin-Tsoin
Vroum-Vroum
Zézette
Zig-Zag
Zouk
Zouzou
Zouzoune
Zozo

Les chats physiques

«*Même le plus petit félin est un chef-d'œuvre.*»
— *Léonard de Vinci*

Votre chat se distingue par une particularité physique? Il est bien en chair? Son pelage est soyeux? Il a vraiment un joli minois? Inspirez-vous de son apparence originale pour le baptiser.

Baboune
Balourd
Bedondaine
Beurre Noir
Binette
Bizoune
Bouboule
Dodu
Fluffy

Foufoune
Frimousse
Frisette
Grimace
Grosse Queue
Moustache
Museau
Plein-d'Poil
Toutoune

Les chats jardiniers

«Un chaton est un bouton de rose dans le jardin du règne animal.»

– Robert Southey

Votre chat adore vos plantes? Même s'il se rend malade, il continue à mâchouiller les feuilles tendres de tout ce qui est vert chez vous? Allez-y avec un nom rappelant la nature!

Anémone
Azalée
Bambou
Bégonia
Camomille
Capucine
Ciboulette
Coquelicot

Dahlia
Edelweiss
Églantine
Fenouil
Flora
Flore
Hamamélis
Iris

Les chats jardiniers

Magnolia
Marguerite
Mélisse
Mimosa
Myosotis
Narcisse
Passiflore
Patchouli
Pivoine
Quenouille

Rosa
Rose
Rosie
Rudbeckie
Tilleul
Valériane
Verveine
Violette
Ylang-Ylang
Zinnia

COMME CHIEN ET CHAT ?

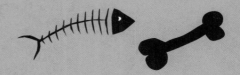

Comme chien et chat ?

«UN CHIEN, UN CHAT, C'EST UN CŒUR
AVEC DU POIL AUTOUR.»
– Brigitte Bardot

«La différence entre un chat et un chien? Le chien pense: ils me nourrissent, ils me protègent, ils m'aiment, ils doivent être des dieux. Le chat pense: ils me nourrissent, ils me protègent, ils m'aiment, je dois être Dieu.»

– Ira Lewis

«La devise du chat: qu'importe ce que tu as fait, essaie toujours de faire croire que c'est la faute du chien.»
– Jeff Valdez

**«Les chiens ont des maîtres,
les chats des serviteurs.»**
– Dave Barry

«*Les chats sont plus intelligents
que les chiens. Vous n'obtiendrez
jamais de huit chats qu'ils tirent
un traîneau dans la neige.*»
– Jeff Valdez

«Les chats sont d'un narcissisme absolu.
Il n'y a qu'à voir le temps qu'ils passent à faire
leur toilette. Les chiens ne sont pas comme ça.
L'idée qu'un chien se fait de la toilette consiste
à se rouler dans les détritus.»
– James Gorman

«*Les chiens viennent quand
on les appelle; les chats reçoivent
le message et arrivent plus tard.*»
– Mary Bly

Comme chien et chat ?

«**Même le chat le plus stupide semble en savoir plus long que n'importe quel chien.**»
– Eleonore Clark

«Quand un chien saute sur votre lit, c'est qu'il adore être avec vous. Quand un chat saute sur votre lit, c'est qu'il adore votre lit.»
– Alisha Everett

«**Le chien pour l'homme,
le chat pour la femme.**»
– Proverbe anglais

«Les hommes et les chiens ne comprendront jamais ce qu'une femme peut bien trouver à un chat.»
– Anonyme

Comme chien et chat ?

«*Quand vous choisirez un animal de compagnie, n'oubliez pas qu'un chien vous considérera comme sa famille, et un chat comme un domestique.*»
– Ron Dentiger

«LES CHIENS NOUS REGARDENT TOUS AVEC VÉNÉRATION. LES CHATS NOUS TOISENT TOUS AVEC DÉDAIN.»
– Winston Churchill

«**Pour comprendre vraiment son importance dans la vie, l'homme doit avoir un chien qui l'adore et un chat qui l'ignore.**»
– Proverbe

«*Les femmes et les chats font toujours ce qui leur plaît pendant que les hommes et les chiens tentent de s'habituer à cette idée.*»
– Anonyme

**«Le rire n'est pas le propre de l'homme.
Les chiens aussi savent rire, en remuant la queue.»**
– Max Eastman

Qu'est-ce qu'un chien ?

«Au commencement Dieu créa l'homme et
la femme. Mais voyant leur faiblesse,
il leur donna le chien.»
– Anonyme

«Celui qui dit que le bonheur ne s'achète
pas a oublié qu'il y a les petits chiots.»
– Gene Hill

«Le chien apprend à l'enfant la fidélité,
la persévérance... et l'obligation de tourner
trois fois sur lui-même avant de se coucher.»
– Robert Benchley

**«L'homme ne promène pas son chien,
c'est lui qui est promené par son chien.»**
– Michel Tournier

«Mon petit chien: un cœur qui bat à vos pieds.»
– Édith Wharton

*«Ça compte, même quand c'est un
chien, quelqu'un qui vous préfère
à tout le reste du monde.»*
– Jules Roy

Qu'est-ce qu'un chien ?

**«Les chiens n'ont qu'un défaut:
ils croient aux hommes.»**
– Elian Finbert

*«Si seulement les hommes pouvaient s'aimer
comme les chiens, le monde serait un paradis.»*
– James Douglas

«SI VOUS N'AIMEZ PAS LES CHIENS,
VOUS N'AIMEZ PAS LA FIDÉLITÉ.
VOUS N'AIMEZ PAS QU'ON VOUS SOIT
FIDÈLE, DONC VOUS N'ÊTES PAS FIDÈLE.»
– Napoléon Bonaparte

«On n'a jamais vu, de propos délibéré,
un chien faire l'échange d'un os
avec un autre chien.»
– Smith Adam

*«Le rire n'est pas le propre de l'homme.
Les chiens aussi savent rire,
en remuant la queue.»*
– Max Eastman

Qu'est-ce qu'un chien ?

«J'ai longtemps réfléchi à la question de savoir pourquoi la vie des chiens était si courte. J'en suis arrivé à la conclusion qu'il s'agit de compassion envers la race humaine. Car nous souffrons tellement de leur perte après 10 ou 12 ans — quelle serait alors notre douleur s'ils vivaient deux fois plus longtemps?»

– Walter Scott

«Si vous recueillez un chien mourant de faim et lui assurez le bien-être, il ne vous mordra pas. C'est la principale différence entre le chien et l'homme.»

– Mark Twain

«La reconnaissance est une maladie du chien non transmissible à l'homme.»

– Antoine Bernheim

«Chien, sorte de divinité de substitution. Cette entité sacrée tient dans le cœur d'une femme une place à laquelle nul humain de sexe mâle ne pourra jamais prétendre.»

– Ambroise Gwinnett

Qu'est-ce qu'un chien ?

«Loin de moi de vous oublier, chiens chaleureux. Comment me passerai-je de vous? Vous me faites sentir le prix que je vaux. Un être existe donc encore pour qui je remplace tout? Cela est prodigieux, réconfortant.»

– Colette

«Vous êtes-vous déjà demandé ce que les chiens pensent de nous? Par exemple, vous revenez du supermarché avec du poulet, du porc, du bœuf, du poisson. Ils pensent sûrement que vous êtes le meilleur chasseur de la Terre.»

– Anonyme

«Aucun psychiatre dans le monde ne fait un meilleur boulot qu'un chiot qui vous lèche le visage.»

– Anonyme

PITOU
ET AUTRES NOMS POUR VOTRE CHIEN

Les chiens peintres

«Avec sa queue, un chien est capable de faire de grandes choses.»
– Anonyme

Certains chiens, en effet, possèdent un don: ils savent se servir de leur queue! Mettez un peu de peinture au bout de celle-ci et ils réussiront de véritables chefs-d'œuvre.

Borduas
Botticelli
Braque
Cézanne
Fragonard
Gauguin
Goya
Magritte

Miro
Modigliani
Monet
Pellan
Pinceau
Pollock
Rembrandt
Van Gogh

Les chiens musiciens

« Je voudrais connaître la musique dont la queue de mon chien bat la mesure. »
— Yvan Audouard

Vous adorez votre chien mais vous êtes aussi un grand fan de musique ? Offrez-vous le meilleur des deux mondes : un nom de compositeur, de chanteur ou de musicien pour votre toutou.

Abba	Brubeck
Alannah	Bublé
Allegro	Cali
Anka	Chostakovitch
Banjo	Dalida
Beebop	Delerium
Belinda	DJ
Bémol	Dumas
Billie	Dylan
Björk	Elton
Boléro	Elvis
Bongo	Etta
Boogie	Fitzgerald
Bowie	Floyd

Les chiens musiciens

Genesis
Gershwin
Herbie
Joplin
Kitaro
Lhasa
Madonna
Maestro
Mambo
Mélodie
Miles
Mistress
Mitsou
Nanette
Nina
Nirvana
Ophélie
Opus

Ozzy
Patsy
Pavarotti
Picolo
Plume
Polka
Rasta
Ray
Ruddy
Rufus
Sérénade
Shania
Shilvi
Steffie
Tino
Ukulele
Ziggy

Les chiens écrivains

«Ne laissez pas votre chien en laisse si vous voulez qu'il vous soit attaché.»
– Albert Willemetz

Quel philosophe, votre chien! Une paire de lunettes lui irait à ravir, de même qu'un petit foulard autour du cou! Il semble empli d'une profonde sagesse et très réfléchi? Donnez-lui le nom d'un intellectuel, d'un philosophe ou d'un écrivain.

Arlette	Pagnol
Asimov	Pétrarque
Balzac	Platon
Beckett	Queneau
Brontë	Rousseau
Cervantès	Sartre
Colette	Shakespeare
Dickens	Simone
Dostoïevski	Socrate
Feydeau	Stendhal
Goethe	Tchekhov
Gunther	Troyat
Hemingway	Verlaine
Molière	Victor
Montaigne	Virgile
Musset	Voltaire

Les chiens héroïques

«Si vous êtes pauvre, souffrant à la fois de l'âge et du besoin, il se formera entre la bête et vous une amitié d'autant plus forte que sacrée. Vous réchauffant de sa jeunesse et de sa reconnaissance, ce chien tiendra votre cœur vivant jusqu'à votre dernier souffle.»
– Lacordaire

Votre chien vous fait sentir important? Il vous comble de bonheur avec son affection? Il vous fait sourire quand votre cœur a envie de pleurer? Il n'y a pas de doute, c'est un vrai héros!

Andromaque
Aragorn
C3PO
Carmen
Centaure
Chimène
D'Artagnan
Dracula

Excalibur
Faust
Frankenstein
Gargantua
Hamlet
Jekyll
Juliette
Lancelot

Les chiens héroïques

Macbeth	Robinson
Matusalem	Roméo
Merlin	Roxane
Mousquetaire	Samuraï
Pantagruel	Shérif
Pénélope	Shogun
Perceval	Tartuffe
R2D2	Yoda
Robin des Bois	

Les chiens-vedettes

«Il rêve allongé sur le toit de sa maison
Qu'il est aviateur, passe à la télévision»
— La chanson de Snoopy

Tout comme Snoopy, votre chien caresse le rêve de percer au petit ou au grand écran? Donnez-lui le nom d'une star.

Adjani
Anémone
Astaire
Atom
Bette
Bogart
Bond Girl
Brad
Buñuel
Buster

Chuck
Clint
Coppola
Depardieu
Disney
Dolly
Farah
Fritz
Gene
Gilda

Les chiens-vedettes

Grace
Groucho
Humphrey
James Dean
Kelly
Kurosawa
Mae West
Marilyn
Marlène
Mastroianni

Polanski
Romy
Rudolph
Schwarzenegger
Shirley
Sydney
Valentino
Van Dam
Whoppy

Les chiens historiques

«Pour son chien, tout homme est Napoléon.
D'où la grande popularité des chiens.»
– Aldous Huxley

Votre chien a une gueule de Napoléon ou de Géronimo? Vous seriez prêt à engager un peintre pour immortaliser la pose la plus noble de votre fidèle compagnon? Donnez-lui le nom d'un personnage historique.

Barbe-Noire
Bismarck
Bonaparte
Brutus
César
Charlemagne
Churchill
Cléopâtre
Clovis

Cœur de Lion
Colbert
Crésus
Dagobert
De Gaulle
Evita
Fidel
Gengis Khan
Gilgamesh

Les chiens historiques

Hirohito
Joséphine
Kheops
Laurier
Luther
Mata Hari
Moustafa
Néron
Nixon
Raspoutine

Reagan
Rémus
Romulus
Titus
Toutankhamon
Trotsky
Viking
Yasser

Les noms préférés pour PITOU

Les chiens savants

«*L'os dit au chien: Je suis dur.*
Le chien dit à l'os: J'ai tout mon temps.»
– Proverbe arabe

Lorsque vous offrez un os à votre chien, vous le savez, il peut passer des heures à le mâchouiller. En fait, votre chien fait beaucoup plus que ça. Comme il est un véritable savant, il analyse, teste et étudie les propriétés de cet os: a-t-il bon goût? est-il résistant? si oui, pendant combien de temps? Votre chien est un scientifique!

Alpha
Ampère
Andromède
Archimède
Aristote
Astro
Atome

Boeing
Bombardier
Cartier
Champlain
Champollion
Darwin
Descartes

Les chiens savants

Diesel
Einstein
Eurêka
Everest
Frobisher
Gagarine
Galilée
Génie
Hertz
Leibniz
Lévi-Strauss
Magellan

Marco Polo
Mendeleïev
Œdipe
Otis
Paxton
Pizarro
Pline
Pythagore
Sigmund
Vespucci
Zeppelin

Les chiens sportifs

«Le chien est l'animal le plus vigilant;
pourtant, il dort toute la journée.»
– Georg Christoph Lichtenberg

D'accord, votre chien passe sa journée à roupiller. Mais quand il ne se repose pas, alors là, qu'est-ce qu'il bouge! Il court, il saute, il va chercher la balle, il tourne sur lui-même, il remue la queue, il fait des acrobaties. Puis il court, il saute, il va chercher la balle, il tourne sur lui-même... Ouf! c'est un sportif!

Agassi
Babe Ruth
Bobby Jones
Champion
Championne
Comaneci

DiMaggio
Judo
Kung Fu
Lacoste
Magic Johnson
Mauresmo

Les chiens sportifs

Navratilova
Ninja
Olympe
Pocket Rocket
Sharapova
Sheldon
Souray
Taï-Chi

Théo
Tiger
Tyson
Yankee
Yoga
Youppi
Zidane

Les noms préférés pour PITOU

Les chiens policiers

«*Oui, c'est lui Finot, le chien fidèle un peu idiot*
Mais qui a plus d'un tour, plus d'un gogo!
Dans son sac à dos y'a des idées, y'a des micros
Il a des filatures dans la peau!»
– Inspecteur Gadget, *La chanson de Finot*

Votre chien est un véritable fouineur? Son joli museau renifle tout sur son passage? Il est capable de vous sortir du lit pour vous montrer l'os qu'il a trouvé dans la cour? Bref, il aurait pu faire partie de la police canine? Donnez-lui le nom d'un grand policier, détective ou espion.

007	Détective
Arsène	Enquêteur
Austin	Fleming
Clancy	Gendarme
Commissaire	Hercule
Coroner	Inspecteur Gadget

Les chiens policiers

James Bond
Le Carré
Ludlum
M
Montalbano
Numéro 6
OSS 117

Quincy
Rouletabille
Sergent
Shériff
Sherlock
Smiley

Les chiens humains

«Ce qu'il y a de meilleur en l'homme, c'est le chien.»
– Nicolas Charlet

Vous tenez à ce que votre animal préféré porte un nom digne de la race humaine? Voici de nombreuses suggestions devant lesquelles vous pourrez même ajouter un petit Mademoiselle, Madame ou Monsieur.

Adrienne
Agathe
Alex
Amanda
Annabelle
Anouchka
Archibald
Arthur
Axelle
Babette
Babouchka
Basile

Benjamin
Bernard
Bertha
Boris
Cassandra
Dilbert
Doris
Douglas
Emma
Fanny
Félicité
Gaston

Les chiens humains

Gédéon
Gigi
Gustave
Henri
Herman
Hilda
Juliette
Justine
Macha
Mado
Maggie
Margot
Mathilde
Mégane
Méo
Micha

Nestor
Nikita
Norbert
Octave
Oxana
Paco
Pétra
Ricardo
Rita
Rodolphe
Scarlett
Stella
Suzie
Victor
Youri

Les chiens divins

«*On croit qu'on amène son chien pisser midi et soir. Grave erreur: ce sont les chiens qui nous invitent deux fois par jour à la méditation.*»
– *Daniel Pennac*

Et pendant que votre chien et vous vous promenez, vous réfléchissez chacun de votre côté. Lui pense: «Je me demande quand j'aurai droit à un nouvel os.» Vous, vous pensez: «Peut-être serait-il temps que je donne un nouvel os à mon chien. Il est tellement sage, calme, naturel... et spirituel.»

Aither
Alphée
Anubis
Aphrodite
Apollon
Athéna
Arès
Balthazar
Caïn
Déesse

Éros
Érébos
Gaïa
Ganesh
Gaspard
Goliath
Hemera
Ibrahim
Isaac
Isis

Les chiens divins

Iris
Jacob
Jason
Jonas
Jupiter
Lakshmi
Léto
Mars
Melchior
Mercure
Minerve
Neptune
Pluton

Pontos
Poséidon
Odin
Osiris
Ouranos
Samson
Salomon
Uranus
Vesta
Vénus
Vulcain
Zeus

Les chiens luxueux

«Si l'homme est véritablement le roi de la création, le chien peut, sans être taxé d'exagération, en passer pour le baron, tout au moins.»
– Alphonse Allais

Votre gentil toutou vaut une fortune à vos yeux? Bien entendu, il possède de nombreuses qualités, mais sa grande beauté vous ferait faire des folies? Tant qu'à dépenser, offrez-lui un nom qui évoque le luxe!

Altesse	Camay
Azzaro	Caviar
Baron	Cologne
Baronne	Coquet
Benetton	Coquette
Bidou	Davidoff
Boss	Dentelle
Boucheron	Diamond
Bulgari	Diva

Les chiens luxueux

Divine
Fabergé
Fendi
Fidji
Gala
Gaultier
Giorgio
Gracieuse
Gracieux
Guerlain
Hermès
Lafayette
Lagerfeld
Lancôme
Liz
Lord
Milady
Milord

Miss
Mister
Moschino
Mousseline
Naf Naf
Perle
Rainier
Rochas
Shiseido
Sissy
Starlette
Sultan
Sultane
Ungaro
Vanderbilt
Velvet
Zéphir

Les chiens colorés

«On voudrait tous ce petit chien
Parlant français, américain
On voudrait tous tellement l'avoir
Ce gentil p'tit chien blanc et noir»
– La chanson de Snoopy

Votre chien est blond comme le miel, roux comme une orange ou noir comme la nuit? Bref, il se distingue par la couleur de son pelage? Donnez-lui un nom coloré.

Beaubrun
Beaunoir
Blanche-Neige
Blanchet
Blanchette
Blondin
Blondinette
Butterscotch

Café au Lait
Cajun
Camomille
Cappuccino
Caroube
Cassonade
Curry
Grisette

Les chiens colorés

Grison
Havane
Mélasse
Milky
Minuit
Moonlight
Muscade
Neige

Noirot
Noisette
Nuage
Poil de Carotte
Rouquin
Rouquine
Safran
Vanille

Les chiens gourmands

«Si votre chien est trop gros, c'est que vous ne faites pas assez d'exercice.»
– Anonyme

Votre chien est un véritable goinfre? Si vous avez le malheur de laisser une tarte aux pommes sur le comptoir de la cuisine, vous pouvez être certain que votre chien lui fera la passe? Quel gourmand, va!

Alaska	Chou
Baba au Rhum	Choucroute
Babeurre	Cossetarde
Bagel	Couscous
Balsamique	Croquette
Béchamel	Croustille
Biscotte	Falafel
Biscuit	Ganache
Bonbon	Gélatine
Bretzel	Général Tao
Burp!	Gnocchi
Camembert	Goyave
Cassis	Granola
Chiffon	Grenadine

Les chiens gourmands

Hubba Bubba
Jell-O
Joe Louis
Kaiser
Kamut
Kinder
Kit Kat
Macadam
Macaron
Marmelade
Mayo
Méli-Mélo
Meringue
Merguez
Miche
Mini Wheat
Nacho
Nougat
Nugget
Oréo
Osso Buco
Papaye

Pavlova
Pêche-et-Crème
Pectine
Pépite
Pinotte
Plum-Pudding
Pogo
Poutine
Pretzel
Pudding
Relish
Risotto
Rosbif
Salsa
Scampi
Taco
Tartuffo
T-Bone
Toffee
Tofu
Wasabi
Won Ton

Les chiens fêtards

«Ce qui est le plus plaisant avec un chien c'est
qu'on peut faire l'idiot avec lui et que non seulement
il ne vous fera aucun reproche, mais qu'il fera l'idiot,
lui aussi.»
– Samuel Butler

Votre chien adore votre compagnie et celle de
vos amis? Il veille avec vous jusqu'aux petites
heures du matin, danse sur des rythmes endiablés et
se permet même d'avaler quelques gorgées de bière?
Mais c'est un vrai party animal!

Absinthe	Bistro
Amaretto	Bottero
Armagnac	Broue
Bacardi	Bud
Bacchus	Café
Beck	Chablis
Belle Gueule	Chivas

Les chiens fêtards

Clicquot
Cocktail
Corona
Drambuie
Fiesta
Gin
Grappa
Grenadine
Griffon
Guinness
Johnny Walker

Martini
Molson
Moskovskaya
O'Keefe
Punch
Schwepps
Shandy
Sleeman
Troïka
Whisky

Les chiens enfants

«*Le chien fut créé pour les enfants.*
C'est le dieu de la fête!»
— Henry Ward Beecher

C'est vrai, votre chien aime bien fêter. Et pour ce faire, il imite les enfants en s'écrasant devant la télé pour regarder une bonne émission ou un film captivant. Si l'enfant en vous n'est pas très loin, faites-en profiter votre chien...

Aglaé	Barney
Alamo	Bart
Albator	Batman
Ali Baba	Bécassine
Alice	Betty Boop
Anakin	Bobinette
Archie	Bobino
Atchoum	Buffalo Bill
Barbie	Buffy

Les chiens enfants

Bunny
Castafiore
Cendrillon
Charlie
Clifford
Colombine
Cornemuse
Daisy
Dalton
Dino
Elmo
Fanfan
Fanfreluche
Fardoche
Fifi
Flipper
Gilligan
Gizmo
Goldorak
Goofy

Gremlin
Gretel
Grujot
Hansel
Harry Potter
Heidi
Hulk
Jane
Jumbo
King Kong
Kirikou
Lili
Lucky Luke
Mafalda
Marge
Max
Minifée
Nemo
Nestor
Olive

Les chiens enfants

Omer
Oui-Oui
Oz
Paddington
Papyrus
Peanuts
Peewee
Philomène
Picsou
Piggy
Pluto
Puppet
Rintintin

Robin
Scooby Doo
Snoopy
Speedy
Spiderman
Spock
Tarzan
Tournesol
Wendy
Yoda
Zelda
Zorro

Les chiens animaux

«Le chien reste chien, serait-il élevé par les lions.»
– Proverbe libanais

Votre chien a des oreilles de lapin et une queue de castor? Il est tacheté comme une vache ou gros comme un éléphant? Inspirez-vous de la gent animale pour le baptiser.

Abeille
Anaconda
Basset
Béluga
Beagle
Berger
Bibitte
Biche
Bichette

Bichon
Biquet
Biquette
Bouledogue
Bouvier
Chacal
Chihuahua
Chow-Chow
Cobra

Les chiens animaux

Coccinelle
Coyote
Diplodocus
Dogue
Fox
Husky
Loup-Garou
Malamute
Mammouth
Marsouin

Microbe
Molosse
Moustique
Nounours
Pit-Bull
Puceron
Schnauzer
Scorpion
Teckel
Tyrannosaure

Les chiens populaires

«Ne chassez pas un chien sans savoir
qui est son maître.»
– Proverbe chinois

Certains propriétaires de chiens sont pauvres et donnent à leur animal de compagnie un nom de riche. D'autres, riches comme Crésus, préfèrent donner un nom tout à fait commun à leur gentil toutou. Comme quoi chacun — propriétaire et animal — est unique et les goûts ne se discutent pas. Voici quelques noms qui ont la cote.

Benji
Chester
Chien
Chien-Chien
Fido
Filou
Fripon
Friponne
Fripouille
Gargouille
Gazouille

Mignon
Mignonne
Pitou
Pitoune
Puppy
Rex
Toutou
Toutoune
Vadrouille
Voyou

Les chiens célèbres

«V'là Cubitus, vive Cubitus
C'est pas Papyrus, pas Marius, pas Claudius
C'est Cubitus, oui Cubitus
Le roi des chiens c'est Cubitus»
– La chanson de Cubitus

Certains chiens ont connu leur heure de gloire. On les a envoyés dans l'espace, on les a vus au cinéma, à la télévision ou dans des livres. Ils sont une bonne source d'inspiration dans le choix d'un nom.

Ace
Argos
Astro
Attila
Beethoven
Bessy
Bali
Belle

Bill
Buck
Cerbère
Clifford
Clochard
Croc-Blanc
Cubitus
Cujo

Les chiens célèbres

Dingo
Droopy
Falkor
Fino
Fusain
Gai-Luron
Gromit
Idéfix
Jappy Toutou
Kador
Krypto
Laïka
Lassie
Lucky
Marmaduke
Milou
Noulouk
Odie

Pappy Toutou
Perdita
Petit Papa Noël
Pif
Pollux
Pongo
Pluto
Porthos
Rantanplan
Rintintin
Scooby-Doo
Rouky
Snoopy
Toto
Vagabond
Vif-Argent
Waterloo

Les chiens sonores

«*Un chien exprime plus de sentiments avec un balancement de queue que certains hommes par de longs discours.*»
– Louis Armstrong

D'accord, les chiens s'expriment la plupart du temps sans mots — à l'occasion, ils émettent un son guttural pour signifier leur excitation —, mais vous, vous craquez pour les noms sonores comme Baba, Bébé, Bibi, Bobo et Bubu? Trouvez alors celui qui colle le mieux à votre fidèle compagnon.

Abracadabra
Aisha
Bébé
Bimbo
Buzz
Din-Din
Fizz

Gus
Lila
Mégot
Millie
Moumoute
Oleg
Patoche

Les chiens sonores

Patou
Pépé
Pif
Pixie
Poppy
Pouf
Puff
Rex
Rico
Rififi
Riquet

Roudoudou
Sumo
Tatou
Tito
Toutou
Yoyo
Yum Yum
Yuri
Zaza
Zoom Zoom
Zulu

Les chiens physiques

«*Le chien a son sourire dans sa queue.*»
– *Victor Hugo*

Si le chien a son sourire dans sa queue, il peut aussi avoir un œil au beurre noir, une grosse bedaine ou une face charmante. Bref, si sa physionomie ou son physique vous parle, inspirez-vous-en pour le baptiser.

Bajoue
Bouclette
Canine
Colosse
Curly
Dodu
Flanelle
Frimousse
Frisette
Frisou
Gratouille

Panache
Picot
Picoté
Picotée
Picotte
Touffe
Touffu
Toup'ti
Toup'tite
Velours

Les chiens anglophones

«C'est moi Pollux
Toujours cabot mais pas chien de luxe
J'vais faire le tour du monde en chantant
Avec mon drôle de p'tit accent»
– La chanson de Pollux

Beaucoup de gens, par souci d'exotisme ou de musicalité peut-être, attribuent à leur chien un nom anglais. Voici quelques suggestions.

Allison	Fancy
Amanda	Ferry
Ashley	Fury
Babe	Ginger
Baxter	Gordy
Betty	Gwen
Bigie	Harry
Bobby	Jack
Cindy	Kenny
Cliff	Lester
Daisy	Lucky
Debbie	Rob
Dexter	Roxy
Edna	Rusty
Eva	Sally

VOICI D'AUTRES LIVRES
QUI VOUS INTÉRESSERONT

COMMANDEZ-LES SUR
NOTRE SITE INTERNET
www.edimag.com

Imprimé au Canada.